석주명

석주명

최은옥 글 이경석 그림

비룡소

해가 질 무렵 주명이와 친구들은 술래잡기를 하고 있었어요. 그런데 아무리 찾아도 주명이가 보이지 않았어요.
"주명아, 어디 숨은 거야? 이제 나와!"
"주명아, 집에 가자!"
아이들이 목청껏 외쳤지만 주명이는 나타나지 않았어요. 흐린 하늘에서는 후드득 비까지 오기 시작했지요. 아이들은 한참 주명이를 찾아다녔어요. 그때 어떤 아이가 조금 떨어져 있는 수풀을 가리켰어요.
"저기 주명이 아니야?"

아이들이 수풀 쪽으로 뛰어갔어요. 거기 주명이가 꼼짝 않고 쭈그려 앉아 있었어요. 아이들이 부르는 것도, 비가 오는 것도 모르는 눈치였어요.
"주명아! 여기서 뭐 해?"
아이들이 바로 옆으로 다가갔을 때에야 주명이가 입을 열었어요.
"얘들아, 여기 좀 봐!"

아이들은 주명이가 대체 뭘 보고 그러나 싶어 얼른 들여다봤어요. 주명이가 가리킨 곳에는 산비둘기 한 마리가 날지 못하고 푸드덕거리고 있었지요.

"날개를 다친 걸까? 아니면 어디 아픈 걸까?"

주명이가 걱정스러운 얼굴로 중얼거렸어요.

"비가 점점 많이 와. 이러다 다 젖겠어."

"그냥 두고 빨리 가자!"

아이들이 주명이 손을 잡아끌었어요. 하지만 주명이는 마음이 쓰여서 발길이 떨어지지 않았어요. 조심스럽게 산비둘기를 품에 안았지요.

"우선 내가 돌봐 줘야겠어."

주명이는 1908년 평안남도 평양에서 3남 1녀 중 둘째로 태어났어요. 어려서부터 동물을 좋아해서 개와 고양이는 물론이고 토끼, 개구리, 도마뱀 같은 것들도 잡아다 키웠지요. 특히 산비둘기한테 집을 지어 주고, 알에서 깨어난 새끼를 여러 마리 길렀어요. 한 마리 한 마리에게 생김새와 어울리는 이름을 지어 불렀고요.

 여덟 살이 된 주명이는 학교에 가고 싶었어요. 서당에 다니고 있기는 했지만, 호기심이 많은 주명이는 신식 학교인 보통학교(일제 강점기에 초등학교를 이르던 말)가 어떤 곳인지 너무 궁금했어요.
 "아버지, 저도 학교에 다니고 싶어요."
 "너는 조금 더 나이를 먹어야 다닐 수 있단다."
 아버지가 주명이 머리를 흩뜨리며 타일렀어요. 그 당시 보통학교는 좀 더 큰 아이들이 다녔거든요. 하지만 주명이는 밤낮으로 졸라 대며 물러서지 않았어요.

결국 아버지는 주명이의 고집을 꺾지 못했어요. 주명이는 나이를 속이고 보통학교를 다니게 되었지요. 나중에 들통이 나서 쫓겨날 처지가 되었지만, 주명이의 간절한 마음을 알게 된 학교에서 계속 다닐 수 있게 해 주었어요.

1919년 3월 1일, 주명이가 열 살 때였어요. 우리나라 각지에서 삼일 운동이 일어났어요. 일본에 빼앗긴 나라를 되찾고자 전국 곳곳에서 만세 소리가 울려 퍼졌지요. 수많은 사람이 일본의 총칼 앞에서도 당당히 만세를 외쳤어요. 주명이도 있는 힘껏 만세를 불렀지요.

"대한 독립 만세! 대한 독립 만세!"

주명이는 어려서부터 아버지가 독립운동가들을 돕는 모습을 보고 자랐어요. 아버지는 큰 요릿집을 운영해서 번 돈으로 독립운동을 지원했지요. 그래서 주명이는 독립운동이 얼마나 중요한 일인지 자연스럽게 알고 있었어요.

　주명이는 보통학교를 졸업한 후에 숭실 고등 보통학교에 입학했어요. 일본식 교육을 하는 대신 우리 민족의 정신을 가르치는 곳이었지요.

　동물뿐만 아니라 음악에도 관심이 많았던 주명이는 노래도 잘 부르고 기타 같은 악기도 잘 다루었어요. 친하게 지내던 연극반 선배들과 음악을 곁들인 연극을 준비해 여름 방학에 순회 공연을 하기도 했지요. 그런데 일본은 조선인 학교에 심하게 간섭했어요. 주명이는 다른 학생들과 함께 항의하는 뜻으로 단체로 휴학을 하고 학교에 나가지 않았어요.

주명이는 다시 학교에 가고 싶지 않았어요. 하지만 어머니의 간곡한 권유로 1922년 송도 고등 보통학교에 들어갔어요. 개성에 있는 손꼽히는 명문 학교였지요.

가족과 멀리 떨어져 처음 혼자 지내게 된 주명이는 외로움을 많이 느꼈어요. 그래서 친구들과 어울려 기타 치고 노래하며 경치 좋은 곳으로 놀러 다녔지요.

겨울 방학을 앞둔 어느 날, 성적표를 받은 주명이는 눈앞이 캄캄했어요.

"내가 얼마나 못났으면 꼴찌를 했을까……."

　뜬눈으로 밤을 새운 주명이는 그때부터 완전 딴사람이 되었어요. 방학을 맞은 친구들이 고향 집으로 돌아간 하숙집에 혼자 남아 머리를 싸매고 공부했지요. 아들이 돌아오지 않자 어머니는 걱정이 되어 하숙집을 찾았어요.
　"주명아!"
　방문을 열고 들어간 어머니는 말없이 그대로 서 있었어요. 주명이가 누가 들어오는 것도 모르고 공부에 열중하고 있었어요.
　'우리 주명이가 이렇게 의젓하게 자랐구나…….'
　어머니는 가슴이 뭉클했어요. 조용히 방문을 닫고 집으로 돌아갔지요.

송도 고등 보통학교는 기술이나 농업을 배울 수 있는 시설이 뛰어났어요. 좋은 선생님도 많았고요. 주명이는 생물학을 가르치는 원홍구 선생님과 윤치호 교장 선생님을 잘 따랐어요. 특히 윤치호 선생님을 존경했지요.

"여러분, 우리 땅을 사랑해야 해요. 남의 것보다 내 것을 먼저 알고 배워야 합니다."

윤치호 선생님의 가르침은 주명이의 가슴에 깊은 울림을 주었어요. 선생님은 또 생활과 관계된 실업 교육을 중시했어요. 학교 농장과 목장에서 아이들이 직접 젖소를 키우는 실습을 하도록 했지요.

"덴마크는 거친 모래땅에 풀과 나무를 심고 젖소를 키워서 넉넉하고 살기 좋은 나라가 되었답니다."
"우리나라도 덴마크처럼 낙농업(젖소 등을 길러 우유를 이용하는 산업)이 발달한 나라가 될 수 있을까요?"
주명이의 물음에 윤치호 선생님이 대답했어요.
"꿈과 희망을 가지면 무엇이든 가능하다네."
주명이는 어느새 주먹을 꼭 쥐고 마음을 정했지요.
'우리나라를 세계 제일의 낙농업 국가로 만들겠어!'

1926년, 열일곱 살이 된 주명이는 송도 고등 보통 학교를 우등생으로 졸업하고 일본 가고시마 고등 농림 학교 농학과에 합격했어요. 소를 키우는 축산을 공부해서 우리나라 낙농업을 일으켜야겠다고 생각했지요. 하지만 2학년이 되면서 고민에 빠졌어요.
　"어떡하지? 농학과 수업은 지루한데, 다른 수업은 정말 재미있단 말이야."

주명이는 농업이나 축산보다 다른 동식물을 배우는 농생물학이 더 흥미로웠어요. 그래서 고민 끝에 축산 대신 곤충이 농작물을 번식시키거나 병들게 하는 것에 대해 공부하기로 마음먹었어요.

당시 곤충을 연구하는 사람이라면 누구나 첫 단계로 '나비'를 연구했어요.

"나비는 꽃가루를 어떻게 옮기는 걸까? 어떻게 식물의 열매를 맺게 하고 번식시키는 걸까?"

주명이도 나비에 대해 기초적인 관심을 가지고 연구하기 시작했어요.

가고시마 고등 농림 학교를 다니면서 주명이는 농생물학뿐만 아니라 에스페란토도 열심히 공부했어요. 에스페란토란 세계 여러 나라의 사람들이 소통할 수 있도록 만든 국제어였어요.

"주명아, 에스페란토 연구회 잡지에 네 글이 실린다면서?"

"에스페란토를 왜 그렇게 열심히 공부하는 거야?"

친구들이 주명이를 둘러싸고 칭찬하며 물었어요.

"에스페란토를 쓰면 온 세계 사람들과 소통하기 쉽고, 연구하거나 발표할 때도 어느 나라 사람이든 어깨를 나란히 할 수 있잖아."

일본에 나라를 빼앗긴 식민지 조선에서 온 주명이가 모두가 평등하게 쓸 수 있는 에스페란토에 관심을 가진 건 자연스러운 일이었지요.

1928년 3학년 여름, 주명이와 친구들은 뛰어난 곤충 학자인 오카지마 선생님과 함께 대만으로 곤충 채집 여행을 갔어요. 그런데 오카지마 선생님은 비가 많이 와서 밖에 나가기도 어려운 날씨에, 곤충을 잡아 오라는 엉뚱한 숙제를 냈지요.

밖으로 나갔던 친구들은 모두 빈손으로 돌아왔어요. 입을 빼물고 투덜대면서요.

"이런 날씨에 곤충을 잡는 건 어림도 없어!"

"비 때문에 곤충이 잘 보이지도 않잖아!"

하지만 주명이는 달랐어요. 흠뻑 젖은 옷은 아랑곳하지 않고 환한 얼굴로 소리쳤어요.

"선생님, 곤충을 잡아 왔어요!"

오카지마 선생님이 기분 좋게 웃었어요. 주명이가 다른 사람들이 하찮게 보아 넘긴 하루살이를 100여 마리나 잡아 온 거예요. 그것도 종이봉투에 하나하나 정성스럽게 담아 왔지요. 오카지마 선생님은 주명이의 성실함에 감탄했어요. 그때부터 주명이를 눈여겨보기 시작했어요.

　졸업을 앞둔 어느 날, 주명이는 오카지마 선생님과 마주 앉아 저녁을 먹었어요. 한참 이야기를 하던 선생님이 주명이를 지그시 바라보았어요.
　"자네, 졸업한 뒤에 학자가 되면 어떻겠나?"
　"네? 학자라고요?"
　선생님이 고개를 끄덕이자 주명이의 표정이 어두워졌어요.
　"아무래도 학자가 되는 건, 지금의 조선 사람에게는 어려운 일인 것 같습니다."

오카지마 선생님도 식민지 국민이 그런 위치에 오르기 어렵다는 걸 잘 알고 있었어요. 하지만 주명이를 보며 진지하게 말했어요.

"진정한 학자는 학문으로 평가받는 거네. 자네처럼 성실하고 끈기 있는 사람이라면 분명 훌륭한 학자가 될 걸세."

주명이가 생각에 잠겨 있는데 오카지마 선생님이 덧붙였어요.

"자네, 조선의 나비를 연구해 보면 어떻겠나?"

"나비를 연구해 보라고요?"

"그렇다네. 조선의 나비는 아직 연구가 충분치 않아서 자네 같은 사람이 노력한다면 큰 업적을 남길 수 있을 걸세."

갑작스러운 선생님의 말씀에 주명이는 흔쾌히 대답하지 못했어요. 그러자 오카지마 선생님이 힘주어 말했어요.

"더도 말고 10년만 열심히 해 보게. 그러면 조선 나비에 관해서는 세계 제일의 학자가 될 수 있을 거야."

집으로 돌아온 주명이는 밤잠을 설치며 고민하고 또 고민했어요.

'내가 잘할 수 있을까? 10년 동안 노력하면 정말 가능할까?'

며칠 후, 마침내 주명이는 결심했어요.

"그래, 우리나라의 나비를 내 손으로 직접 연구해 보자! 10년 동안 최선을 다해 보는 거야. 조선 사람이 조선의 나비를 연구하면 더없이 좋은 일 아니겠어?"

주명이는 주먹을 꼭 쥐었어요. 아직 누구도 한 적 없는 일이니 더 의미 있는 일이라는 생각이 들었지요. 새로운 꿈이 생겨서인지 가슴이 마구 뛰었어요.

조선으로 돌아온 석주명은 1931년, 모교인 송도 고등 보통학교의 선생님이 되었어요. 학교가 워낙 커서 본관 건물과 떨어진 곳에 연구실과 박물관이 있는 건물이 있었지요. 석주명은 이곳에서 아이들을 가르치고 연구도 할 생각에 마음이 설레었어요.
 "나비 연구를 하기에 딱 좋은 장소야."
 석주명은 조용한 연구실이 마음에 들었어요.
 "아이들을 가르치는 틈틈이 이 지방의 나비부터 연구해 봐야겠어. 그런데 당장 참고할 만한 게 하나도 없으니 어쩌면 좋지……."

　석주명은 나비를 채집하고 분류하는 일부터 해야겠다고 생각했어요. 그래서 시간이 날 때마다 곤충망을 둘러메고 나비를 채집하러 다녔지요.
　당시 곤충망을 처음 본 사람들은 그물주머니를 매단 긴 막대기를 들고 정신없이 나비를 쫓는 석주명을 이상하게 생각했어요.
　"쯧쯧, 점잖은 선생님이 왜 저러고 다닐까? 머리가 어떻게 된 거 아니야?"

사람들은 먹지도 못하고, 돈도 안 되는 나비를 잡으러 다니는 석주명을 이해하지 못했어요.

"쓸모도 없는 나비를 잡아서 무얼 하나요?"

"나비를 연구하려고요."

"다른 것도 아니고 왜 하필 나비를 연구해요?"

"남들이 하지 않으니까 제가 하지요."

사람들의 질문에 석주명은 똑 부러지게 대답했어요. 새로운 분야를 연구해서, 훌륭한 업적을 남기는 게 바로 석주명의 목표였어요. 그리고 여러 학문에서 실력을 쌓는 것도 일본에 빼앗긴 나라를 되찾는 방법의 하나라고 생각했지요.

그런데 혼자 나비를 채집하는 데는 한계가 있었어요.

"어쩌지, 더 많은 나비가 필요한데……."

여름 방학을 앞둔 어느 날, 석주명은 번뜩 좋은 생각이 떠올랐어요. 가르치던 아이들에게 말했지요.

"얘들아, 이번 방학 숙제는 나비를 잡아 오는 거야."

"네? 뭘 잡아요?"

아이들은 깜짝 놀랐어요. 나비를 잡아 오라는 숙제는 이제껏 들어 본 적도 없었으니까요.

"너희가 도와준다면 내가 하는 나비 연구에 큰 도움이 될 것 같구나. 각자 나비를 이백 마리 이상 잡아 오는 거다, 알겠지?"

송도 고등 보통학교에는 전국 각지에서 공부하러 온 학생들이 모여 있었어요. 그러니 전국의 나비를 골고루 채집할 수 있는 좋은 방법이었지요. 여름 방학이 끝나고 석주명이 활짝 웃으며 말했어요.

"애들아, 너희 덕분에 다양한 종류의 나비를 구할 수 있었어. 정말 고맙구나. 게다가 희귀한 나비까지 채집하게 돼서 얼마나 기쁜지 모른단다."

아이들도 석주명을 따라 웃었어요. 그 뒤로도 아이들은 석주명의 나비 채집을 많이 도와주었어요.

석주명은 나비를 종류별로 분류하고 다듬어 표본으로 만들었어요. 나비 하나하나 채집 날짜와 장소를 꼼꼼히 기록하는 것도 잊지 않았고요. 꼭 필요한 나비만 넣어도 표본 상자는 금방 진열장을 꽉 채웠어요.
　"선생님, 더 이상 넣을 곳이 없으니 어쩌면 좋아요?"
　일을 도와주던 조수가 말했어요. 고민하던 석주명은 나비를 하나씩 보존 용기에 담아 서랍에 보관했어요. 또 종이봉투에 넣어 천장에 매달거나 벽에 걸어 두었지요. 연구실은 셀 수 없이 많은 나비 표본으로 장관을 이루었어요.

석주명은 나비를 연구하는 것도 게을리하지 않았어요. 연구에 필요한 나비 표본을 골라 나무판에 꽂아 놓고 신중하게 관찰했어요. 나비 한 마리 한 마리의 날개 길이를 재고, 무늬 수를 세고, 무늬의 종류와 크기, 위치를 기록했어요. 그걸 표로 만들어 정리했지요. 이런 연구 작업은 시간이 오래 걸려서 성실함과 끈기가 없으면 절대 할 수 없는 일이었어요.

　그렇게 석주명은 나비를 채집할 때와 아이들을 가르칠 때를 빼고는 연구실에 틀어박혀 살다시피 했어요.

전국의 수많은 나비를 채집하고 연구하는 것은 사실 쉽지만은 않았어요. 길이 없는 산을 오르는 것과 마찬가지였지요. 석주명은 한숨을 내쉬었어요.

"후유, 가르침을 줄 스승도, 함께 연구할 동료도, 참고할 만한 제대로 된 책도 없으니 정말 난감하구나."

그러다 이내 자리를 털고 일어섰어요.

"그럴수록 더 많은 나비를 관찰하고 서로 비교하면서, 스스로 연구하는 방법을 찾아보자!"

그 무렵 일본에서 『일본 곤충 대도감』과 『일본 곤충 도감』이라는 책이 출간되었어요.

어? 이 나비들은 분명 같은 종인데?

"정말 반가운 소식이네! 유명한 곤충학자들이 쓴 책이니 많은 도움이 되겠는걸."

석주명은 자신이 만든 나비 표본과 대조하면서 책을 꼼꼼히 읽었어요. 그러다가 놀라운 사실을 알게 됐어요.

"앗! 이 나비랑 저 나비는 크기와 무늬가 조금 다르지만 같은 종(생물의 종류를 나누는 기본 단위)이 분명해. 그런데 왜 종 이름이 다를까?"

석주명의 눈이 휘둥그레졌어요.

왜 모두 다른 종이라고 적혀 있지?

당시 일본 학자들은 날개 길이가 다르거나, 무늬가 조금만 달라도 모두 새로운 학명(학문을 위해 전 세계에서 공통으로 사용하는 생물의 이름)을 지어 붙였어요. 하지만 석주명은 그동안 수많은 나비를 관찰하고 연구했기 때문에 책이 틀렸다는 걸 알아차렸지요.

"이건 말도 안 돼! 잘못된 건 바로잡아야지. 그런데…… 내 말을 믿어 줄까?"

작은 학교의 조선인 선생님이 유명한 일본 곤충학자의 발표를 고치는 것은 쉬운 일이 아니었어요. 하지만 석주명이 수없이 많은 나비 표본을 연구한 자료를 제시하자 학자들은 아무 대꾸도 하지 못했어요.

석주명은 같은 종의 나비라 하더라도 각각 색깔, 날개 길이, 무늬 등이 조금씩 다를 수 있다고 생각했어요. 그래서 수많은 표본을 가지고 나비를 일일이 조사하며 연구했어요.

「조선산 배추흰나비의 변이 연구」라는 논문을 쓸 때에는 16만 마리가 넘는 배추흰나비의 앞날개 길이를 일일이 자로 재며 연구할 정도였지요.

또 논문 한 줄을 쓰기 위해 3만 마리가 넘는 나비를 만져 가며 꼼꼼히 살폈어요.
　그 결과 우리나라 나비 중 같은 종에 잘못 붙여진 이름을 무려 844개나 없애고, 우리나라의 나비가 250여 종이 된다는 것을 밝혀냈답니다.

석주명이 일하기 전인 1930년부터 송도 고등 보통학교 박물관은 미국의 여러 박물관과 표본을 교환하고 있었어요. 유명한 미국인 지질학자가 우연히 이곳 박물관에 들렀다가, 수많은 표본을 보고 감탄하며 교환하자고 했지요.

석주명도 미국의 박물관과 학교에 나비 표본을 보냈어요. 미국 박물관에서는 고맙다는 인사를 보내왔어요.

"조선에서 보내온 아름다운 나비 표본들 잘 받았습니다. 우리 박물관의 훌륭한 자랑거리가 될 거예요."

그렇게 석주명은 나비 표본과 연구 결과를 미국 자연사 박물관, 하버드 대학교 비교 동물학 박물관, 스미소니언 박물관 등 여러 박물관과 학교로 보내고 연구비를 지원받았어요. 그러면서 자연스럽게 세계의 나비 전문가들과 생각을 나누게 되었지요.

무엇보다 석주명은 논문을 발표하거나 세계의 학자들과 이야기할 때 꼭 에스페란토를 사용했어요. 일본의 간섭에서 벗어난 에스페란토를 사용해서, 세계 각국의 학자들과 조선의 학자로서 나란히 서려고 했던 거예요.

1938년 석주명의 나이 서른 살 때였어요. 석주명은 편지 한 통을 받고 깜짝 놀랐어요. 세계에서 최고로 권위 있는 학술 단체인 영국 왕립 아시아 학회에서 온 편지였거든요.

"나한테 왜 편지를 보냈을까?"

석주명은 얼른 편지를 뜯어보았어요.

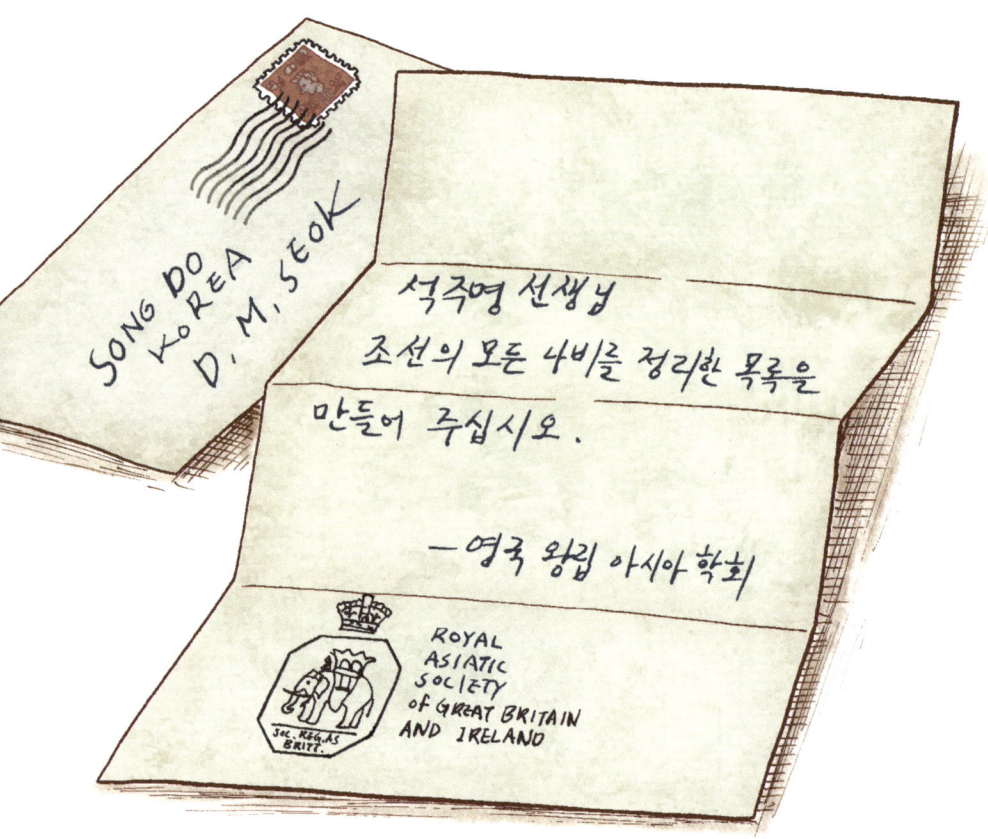

"세상에!"

석주명은 너무 좋아서 팔짝팔짝 뛰었어요. 외국의 학회로부터 책을 써 달라는 부탁을 받은 건 우리나라에서는 처음 있는 일이었어요. 당시 신문들은 이 기사를 크게 다루어 널리 알렸어요. 일본의 지배를 받는 힘든 시기에 조선인들에게 힘이 되는 반가운 소식이었지요. 석주명은 잘할 수 있을까 걱정도 됐지만 곧 마음을 굳혔어요.

"이제까지 내가 한 나비 연구를 총정리 할 수 있는 좋은 기회야!"

석주명은 학교를 잠시 쉬고 일본으로 건너갔어요. 도쿄 제국 대학의 도서관에서 밤낮으로 수많은 책과 논문을 읽으며 넉 달 동안 연구에 몰두했지요. 미심쩍은 부분이 있으면 여러 학자를 만나 열띤 토론도 벌였어요. 그리고 눈병을 앓을 정도로 열심히 글을 썼어요.

　1940년 마침내 석주명이 쓴 『조선산 나비 총목록』이 출간되었어요. 이 책에서 석주명은 우리나라의 나비를 255종으로 정리하고, 같은 종인데 다른 이름으로 잘못 알려진 많은 나비 이름을 바로잡았어요. 또 새로 찾아낸 나비들도 소개했지요.

당시 유명한 학자들도 이 책을 보고 칭찬을 아끼지 않았어요.

"조선 나비의 완벽한 모습을 보여 주는 자료입니다."

"이 분야에서 가장 가치 있는 책으로 추천합니다. 많은 학자들에게 도움이 될 거예요."

『조선산 나비 총목록』으로 석주명은 세계적인 곤충학자로 이름을 알리게 됐어요. 나비 연구에 대한 공로를 인정받아, 전 세계 회원이 30여 명밖에 안 될 정도로 가입하기 어려운 만국 인시류(나비와 나방) 학회에 들어가게 되었지요.

"믿을 수가 없어! 내가 세계적인 나비 학회의 정회원이 되다니!"

석주명은 눈물을 글썽였어요. 힘들게 나비를 채집하고 잠을 설쳐 가며 연구하던 기억들이 스쳐 갔어요.

"나비를 연구한 지 꼭 10년 만이구나."
 일본의 지배를 받던 조선의 젊은이가 세계적인 대학자로 인정을 받은 건 정말 기적 같은 일이었어요.

석주명은 우리나라의 나비에게 아름다운 이름을 지어 주기도 했어요. 언어에 관심이 많고 재능이 뛰어나서 이름을 짓는 것도 남달랐지요.

지리산으로 나비를 채집하러 갔을 때였어요.

"우아! 처음 보는 나비잖아?"

나무 아래서 땀을 닦던 석주명은 얼른 곤충망을 집어 들었어요. 눈앞을 스쳐 날아간 나비를 쫓아 걸음을 옮겼지요. 흑갈색 날개 가운데에 흰무늬가 여러 개 있는 조그만 나비였어요.

팔랑팔랑 나비가 낮게 날자 석주명은 재빨리 곤충망을 휘둘렀어요. 하지만 나비는 요리조리 빠져나가 높이 날아갔어요.

한참을 날아가던 나비가 나뭇가지에 내려앉았어요.
"이번에는 꼭 잡아야 할 텐데."

휙! 나비를 잡았다고 생각한 순간이었어요. 나비는 더 높이 더 멀리 날아갔어요. 무더운 날씨 탓에 온통 땀범벅이었지만, 석주명은 아랑곳하지 않았어요.

"이렇게 포기할 수는 없지!"

나비만 쳐다보고 산속을 뛰어다니다 보니 온몸이 나뭇가지에 긁혀 피가 맺혔어요. 셀 수 없이 넘어지고 굴러서 여기저기 멍이 들었지요. 그렇게 나비를 쫓아 산을 헤맨 지 세 시간여 만에 마침내 나비를 잡았어요. 석주명은 가슴이 벅차올랐어요.

잡았다!

"팔랑거리며 나는 이 나비에게 어떤 이름이 어울릴까?"

석주명은 우리나라에서 처음 발견된 그 나비에게 '지리산팔랑나비'라는 예쁜 이름을 지어 주었어요.

이외에도 석주명은 당시 일본어로 지어진 많은 나비 이름을 순우리말로 바꾸었어요.

　"이른 봄에만 잠깐 눈에 띄는 녀석이 호랑이 무늬를 가졌네. 이 녀석 이름은 '이른봄애호랑나비'가 좋겠어!"

　"앞날개 모서리에 유리창처럼 투명한 막이 있으니까 '유리창나비'라고 지어야겠어."

　"허허허, 고운 모시 천이 생각나는 날개를 가지고 있구나. '모시나비'라는 이름이 잘 어울리겠는걸."

　"어이쿠, 굴뚝에서 나온 것처럼 새까만 녀석이네. '굴뚝나비'가 딱이겠어!"

이 외에도 청띠신선나비, 번개오색나비, 알락그늘나비, 각시멧노랑나비, 은점어리표범나비 등 우리나라 나비 248종의 예쁜 이름을 만들고 정리했어요. 우리말 나비 이름을 어떻게 지었는지 『조선 나비 이름의 유래기』라는 책으로 꼼꼼히 엮었지요.

어느 추운 겨울밤이었어요.

"어휴, 두꺼운 옷을 껴입었는데도 으슬으슬 춥네. 하지만 오늘 할 연구가 아직 남았으니 기운을 내야지."

석주명은 옷깃을 여미고 얼어붙은 손을 호호 불어 녹였어요. 시계는 어느새 새벽 두 시를 가리키고 있었어요. 매일 늦은 시간까지 연구하는 석주명은 두 시 이전에 잠든 적이 없었어요. 그래도 늘 시간이 부족했지요. 평일 낮에는 아이들을 가르치고, 주말에는 전국으로 나비를 채집하러 다녔으니까요. 그러니 채집한 걸 기록하고 연구할 시간은 밤뿐이었어요.

"아무래도 시간이 더 필요해."

석주명이 혼잣말로 중얼거렸어요.

1942년 석주명은 송도 고등 보통학교를 그만두기로 했어요. 나비를 연구할 시간을 더 갖기 위해서였지요.

학교를 그만둔 석주명은 바라던 대로 함경도의 개마고원에 나비를 채집하러 갔어요. 높은 산봉우리가 많고 길이 위험해서 가족들이 극구 말렸지요.

　"그 험한 곳에 갔다가 무슨 일 생기면 어떡하려고 그래요? 호랑이라도 나오면 어쩌려고요?"

　하지만 석주명의 마음은 가벼웠어요. 그동안 학교에 발이 묶여 어려웠지만, 이제 언제든 자유롭게 나비를 채집하고 연구할 수 있었으니까요. 그렇게 석주명은 전국 방방곡곡을 자유롭게 누볐어요.

『조선산 나비 총목록』이 나온 이후 석주명은 그동안 나비의 종류를 나누고 이름을 정리했던 것과 조금 다른 연구를 하기 시작했어요. 바로 어느 지역에 어떤 나비가 살고 있는지 연구하는 일이었지요. 나비 분포 연구는 더 넓고 많은 지역을 조사해야 하는 힘든 일이었어요.

주위 사람들이 고개를 갸웃거리며 물었어요.

"세계적으로 인정받았으니 이제 좀 쉬엄쉬엄해도 되지 않나요?"

석주명은 주저하지 않고 대답했어요.

"아직도 연구해야 할 분야가 많은걸요."

석주명의 나비에 대한 열정은 식을 줄을 몰랐어요. 우리나라 곳곳 백두산에서 제주도까지 석주명의 발길이 닿지 않는 곳이 없었지요.

1943년, 서른네 살의 석주명은 제주도에 세워진 경성 제국 대학(오늘날의 서울 대학교) 부설 연구소의 시험장으로 갔어요. 멀리 떨어진 곳이라 아무도 연구원으로 가려고 하지 않았지만, 석주명은 스스로 가겠다고 했어요. 늘 제주도의 나비 표본이 부족하다고 느끼고 있었거든요.

　석주명은 육지와는 다른 제주도의 모든 것에 흥미를 느꼈어요.

　"제주도는 눈에 띄는 것마다 특별하네! 산도, 들도, 곤충도, 언어도, 사람들이 사는 모습도. 게다가 우리 고유의 모습을 잘 간직하고 있잖아!"

석주명은 제주도에 머문 2년 1개월 동안 엄청난 일을 해냈어요. 나비뿐만 아니라 제주도의 언어, 문화, 사회, 자연을 연구해 여섯 권의 제주도 총서를 쓴 거예요. 이 일로 석주명은 '나비 박사' 외에 '제주도 박사'라고도 불리게 되었지요.

   특히 석주명은 나비를 채집하느라 전국을 돌아다녀서 각 지역의 사투리에 관심이 많았어요.

   "세상에! 육지에서는 한 번도 들어 본 적 없는 독특한 말이야! 이 사투리를 기록으로 남겨 알려야겠어."

   석주명은 제주도의 사투리를 꼼꼼히 채집해『제주도 방언집』이라는 책으로 묶었어요.

1945년, 마침내 우리나라는 일본으로부터 해방되었어요. 석주명은 그동안 수집하고 연구했던 나비와 제주도 관련 자료들을 우리말로 출간하기 위해 애썼어요. 또 에스페란토 학회를 만들고, 에스페란토 교과서와 사전을 내며 에스페란토 보급에 앞장섰어요.

광복 이듬해부터는 서울 남산 근처에 있는 국립 과학 박물관의 동물학 연구 부장을 맡았어요. 석주명이 관장을 맡아야 한다는 말도 있었지만 그는 손을 내저었어요.
 "연구에만 몰두할 수 있는 이 자리가 훨씬 좋아요."
 석주명은 고지식할 정도로 연구자의 길을 가려고 애썼지요.

우리나라의 나비 분포를 연구하면서 석주명은 나비 약 250종이 사는 지역을 각각 한국 지도와 세계 지도 한 장씩에 붉은 점으로 표시했어요. 이렇게 만든 지도가 500장이 넘었지요. 지도에 있는 붉은 점들을 보면 어떤 나비가 어느 지역에 사는지 한눈에 알 수 있었어요.
　"그 많은 나비 종의 분포 상태를 이토록 자세하게 조사하다니, 정말 대단한 일이야!"
　학자들은 입에 침이 마르게 칭찬했어요.

어느 날, 석주명을 찾아온 제자가 물었어요.

"선생님, 전국의 험한 곳을 빼놓지 않고 다니는 게 힘들지 않으세요?"

석주명은 전혀 그렇지 않다는 듯 미소를 지었어요.

"지도에 내가 다닌 길을 붉은색 선으로 표시해 두었네. 방방곡곡 쏘다니니 어느새 거미집 모양으로 되어 가고 있더군. 몇 년 후에 거미집이 완성되면 이 '나비 분포 지도'를 보고 여행을 떠날 거라네. 나의 채집 여행은 체력이 허락하는 날까지 계속될 걸세."

이렇게 그가 세계적인 나비 학자가 된 건 학문을 향한 열정과 끊임없는 노력 덕분이었지요.

1950년 6월, 우리 민족의 큰 비극인 육이오 전쟁이 일어났어요. 석주명의 나이 마흔한 살 때의 일이지요.

남과 북이 서로 싸우며 전투를 벌였어요. 사방에 포탄이 떨어지며 하늘과 땅이 갈라지는 소리가 났어요. 쾅! 쾅! 콰쾅! 놀란 사람들은 남쪽으로 피난을 떠나느라 어수선했어요.

"석주명 선생님, 큰일 났어요! 어서 여길 떠나셔야 해요!"

국립 과학 박물관 직원들이 분주하게 움직이며 말했어요.

"내 걱정은 하지 말고 자네들이나 어서 피하게나."

"여기 계시면 위험해요!"

직원들이 같이 가자고 졸랐지만 석주명은 꿈쩍도 하지 않았어요. 연구실을 지키겠다고 고집을 부렸지요.

석주명이 연구실을 지키기로 한 데는 그만한 이유가 있었어요.「한국산 나비 분포도」의 연구를 막 마무리하려던 때였거든요. 게다가 국립 과학 박물관에는 평생을 모아 온 귀중한 나비 표본과 자료가 많이 있었어요. 그것들을 모두 가지고 피난을 떠날 수는 없었지요. 석주명은 마음이 놓이지 않아 큰 배낭을 준비했어요.

쾅 덜덜 덜 덜 덜~

"아무래도 내가 직접 가지고 다녀야겠어."

석주명은 「한국산 나비 분포도」의 지도 500여 장을 따로 챙겼어요. 어디를 가든 배낭에 넣어 메고 다녔지요. 잠을 잘 때도 품에 안고 잘 정도였어요.

"그 배낭 안에 뭐가 들었기에 그렇게 소중히 가지고 다니나요?"

보는 사람마다 의아한 얼굴로 물었어요. 그럴 때면 석주명은 단호하게 대답했지요.

"내 목숨과도 같은 것들이 들어 있습니다."

그런데 얼마 후, 석주명이 그토록 걱정하던 일이 벌어지고 말았어요. 국립 과학 박물관이 포탄에 맞아 모조리 불타 버린 거예요.

"이럴 수가! 안 돼, 안 돼!"

잿더미로 변한 박물관에서는 아무것도 찾을 수가 없었어요.

"수많은 나비 표본과 자료들이 이렇게 한순간에 사라지다니……. 말도 안 돼……."

석주명은 제정신이 아니었어요. 한동안 먹지도 못하고 잠도 제대로 못 잤어요.

10월 6일, 겨우 정신을 차린 석주명은 국립 과학 박물관을 다시 세우기 위한 회의에 참석하기 위해 집을 나섰어요. 헐레벌떡 뛰어가다 술에 취한 청년이 쏜 총에 맞아 쓰러지고 말았지요. 나비 박사 석주명은 그렇게 안타깝게 세상을 떠났어요. 뒤늦게 소식을 들은 사람들은 눈물을 흘리며 마음 아파했어요.

　1964년 우리나라 정부는 석주명에게 건국 공로 훈장을 주었어요. 1998년에는 과학 기술인 명예의 전당에 석주명의 이름이 올랐지요. 나비 연구에 평생을 바친 석주명을 기억하기 위해 석주명의 이름을 딴 '석물결나비'라는 나비 이름도 만들어졌어요. 석주명은 우리 곁을 떠났지만 나비를 연구하면서 보여 준 그의 열정은 영원히 잊히지 않을 거예요.

♣ 사진으로 보는 석주명 이야기 ♣

1926년 초, 송도 고등 보통학교 시절의 석주명이에요. 공부에 관심이 없었던 그는 학교 농장과 목장에서 실습하며 배움의 즐거움을 알게 되었어요.

석주명은 모교인 송도 고등 보통학교에서 선생님으로 일하며 본격적으로 나비를 채집하고 연구하기 시작했어요. 사진은 1932년 나비를 관찰하는 석주명의 모습이에요.

1940년 『조선산 나비 총목록』이 출간되었어요. 이 책은 일제 강점기에 우리나라 과학자가 영문으로 쓴 유일한 책이에요. '주명'의 평안도 발음이 '두명'이라 'J.M' 대신 'D.M'으로 이름이 적혀 있어요.

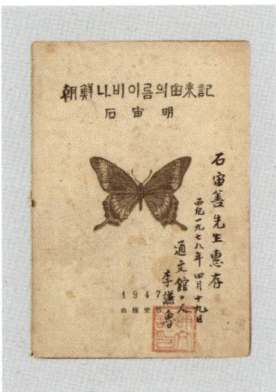

1947년 출간된 『조선 나비 이름의 유래기』예요. 석주명이 분류하고, 아름다운 우리말 이름을 붙여 준 조선산 나비 248종에 대한 설명이 담겨 있어요.

석주명이 세상을 떠나기 한 해 전인 1949년, 국립 과학 박물관 연구실에서 찍은 사진이에요. 석주명은 육이오 전쟁 중에도 연구에 몰두하며 평생 17권의 책과 128편의 논문을 남겼어요.

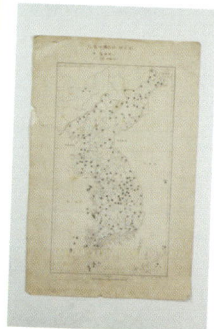

『한국산 나비 분포도』 첫 페이지에 수록된 석주명의 나비 채집 지역 표시도예요. 나비 채집과 연구를 위해 방문한 곳을 우리나라 지도에 표시한 것이지요.

석주명이 채집한 나비 32종을 액자에 담은 표본이에요. 이를 포함한 석주명의 유품 17점은 2014년에 국가 등록 문화재로 지정되었어요.

♣ 석주명에 대해 더 궁금한 것들 ♣

석주명은 평생 얼마나 많은 나비를 연구했나요?

"나는 논문 한 줄을 쓰려고 나비 3만 마리를 만졌다." 이 말은 나비 연구에 대한 석주명의 뜨거운 열정과 집념을 보여 줘요. 그는 한 번 진귀한 나비를 발견하면, 밤낮을 가리지 않고 쫓아가서 반드시 잡았어요. 1930년대 초부터 1950년까지 20여 년 동안 전국을 누비며 제자들과 함께 75만 마리나 되는 나비를 채집했지요.

그런데 석주명이 만든 표본은 현재 많이 남아 있지 않아요. 송도 고등 보통학교를 그만두면서 중요한 표본을 제외한 60만 마리의 나비를 화장해 주었거든요. 관리가 되지 않으면 해충이 번식할 수 있으니까요. 그는 연구에 도움을 준 것에 대한 고마움과 나비들이 좋은 곳으로 가기를 바라는 마음을 담아 위령제도 지냈어요. 석주명이 관리하던 나머지 15만 마리의 나비 표본은 육이오 전쟁 때 국립 과학 박물관이 불타면서 함께 사라졌어요.

석주명이 한국 나비 연구의 기틀을 마련했다고요?

석주명은 나비를 제대로 알기 위해서는 나비와 관련된 모든 것을 알아야 한다고 생각했어요. 먼저 나비를 채집하고 분류해 목록을 작성하는 것에서부터 연구를 시작했지요. 그다음에는 같은 종의 나비라고 해도 환경에 따라 조금씩 모습이 달라지는 '개체 변이'에 대해 조사했고요. 나아가 나비가 사는 곳을 연구해 나비 분포도를 그리는 것으로 연구 범위를 넓혀 갔답니다.

그는 이 과정에서 일본의 저명한 학자들이 같은 종의 나비를 크기와 색깔 등이 조금 다르다는 이유로 다른 종이라고 잘못 분류한 것을 바로잡았어요. 영국의 왕립 아시아 학회의 요청을 받아 쓴 『조선산 나비 총목록』을 1940년에 출간하면서 한국 나비 연구 전문가로 세계적으로 인정받게 되었지요.

또, 1947년에 『조선 나비 이름의 유래기』를 펴내며 우리나라 나비를 248종으로 정리해 우리말 이름을 붙여 주었어요. 오늘날 우리가 부르는 나비 이름은 대부분 그가 지은 것이에요.

석주명은 나비 연구 말고 다른 것에도 관심이 많았다고요?

석주명은 '나비 박사'뿐만 아니라 '제주도 박사'로도 알려져 있어요. 그는 전국을 누비며 나비를 채집하다가 각 지역의 사투리와 역사에도 흥미를 갖게 되었어요. 특히 옛 모습이 그대로 남아 있는 제주도에 대한 애정이 깊었지요. 그래서 제주의 언어, 문화, 사회, 자연을 연구하여 여섯 권의 제주도 총서를 남겼어요. 이는 제주도 연구의 기틀이 되었지요.

또 석주명은 언어와 교육에도 관심이 많았어요. 여러 나라가 평화롭게 서로 존중하며 쓸 수 있는 세계 언어인 에스페란토를 알리기 위해 노력했고, 에스페란토 교과서도 펴냈어요. 해방 직후에는 중등학교(오늘날의 중고등학교) 생물 교과서를 쓰기도 했지요.

함께 보면 쏙쏙 이해되는 역사

- 1914년
  서당에 들어가 한문을 배움.

- 1908년
  평안남도 평양에서 태어남.

- 1917년
  나이를 속이고 평양 종로 공립 보통학교에 입학함.

1900   **1910**

- 1905년
  을사늑약으로 일본에 외교권을 빼앗김.

- 1910년
  한일 병합 조약으로 우리나라가 일본의 식민지가 됨.

- 1919년
  3월 1일, 삼일 운동이 일어남.

- 1931년
  송도 고등 보통학교의 교사가 되어 본격적인 나비 채집과 연구를 시작함.

- 1936년
  「조선산 배추흰나비의 변이 연구」 등을 발표하며, 일본 학자들의 잘못된 연구를 바로잡음.

1930   **1935**

◆ 석주명의 생애
● 우리나라의 근현대사

◆ 1926년
일본 가고시마 고등 농림 학교에 입학함.

◆ 1922년
동맹 휴학으로 숭실 고등 보통학교를 그만두고, 송도 고등 보통학교에 입학함.

◆ 1929년
가고시마 고등 농림 학교를 졸업한 뒤, 나비 연구의 꿈을 안고 귀국함.

1920   **1925**

◆ 1940년
『조선산 나비 총목록』을 펴내고, 만국 인시류 학회 정회원이 됨.

◆ 1946년
국립 과학 박물관 연구 부장으로 일하며, 연구 성과를 우리말로 펴내기 시작함.

◆ 1943년
경성 제국 대학 부설 연구소에서 일하며, 제주도의 나비뿐 아니라 언어와 문화를 연구함.

◆ 1950년
세상을 떠남.

1940   **1945~**

● 1945년
8월 15일, 광복을 맞음.

● 1950년
육이오 전쟁이 일어남.

● 1948년
대한민국 정부가 세워짐.

- 참고 도서

  단국 대학교 석주선 기념 박물관,『나비 박사 석주명의 아름다운 날』(단국 대학교 출판부, 2021).
  박상률,『나비 박사 석주명』(사계절, 2001).
  윤용택,『한국의 르네상스인 석주명』(궁리, 2018).
  이병철,『석주명 평전』(그물코, 2011).

- 사진 제공

  74, 75쪽 모든 사진_ ⓒ 단국 대학교 석주선 기념 박물관.

글쓴이 최은옥

2011년 푸른문학상 '새로운 작가상'을 받으며 작가의 길로 들어섰고, 2013년 『책 읽는 강아지 몽몽』으로 비룡소문학상 대상을 받았다. 쓴 책으로 『칠판에 딱 붙은 아이들』, 「내 멋대로 뽑기」 시리즈, 「장화 신은 개구리 보짱」 시리즈 등 여러 권의 책이 있다. 아이들 마음에 다가가는 이야기를 쓰려고 오늘도 열심히 노력 중이다.

그린이 이경석

부산에서 태어났다. 대학에서 시각 디자인을 전공했으나 만화가 좋아 만화가가 되었다. 톡톡 튀는 남다른 이야기를 찾고자 오늘도 작업에 열중하고 있다. 그린 책으로 『최무선』, 『김구』, 『방정환』, 『안녕, 외계인』 등이 있으며, 지은 책으로 『올식이는 재수 없어』, 『좀비의 시간』, 『전원교향곡』, 『속주패王전』 등이 있다.

새싹 인물전
069

석주명

1판 1쇄 찍음 2024년 2월 7일   1판 2쇄 펴냄 2025년 9월 29일

글쓴이 최은옥   그린이 이경석
펴낸이 박상희   편집장 전지선   편집 송재형   디자인 전유진
펴낸곳 (주)비룡소   출판등록 1994.3.17. (제16-849호)
주소 06027 서울시 강남구 도산대로1길 62 강남출판문화센터 4층
전화 02)515-2000   팩스 02)515-2407   홈페이지 www.bir.co.kr
제품명 어린이용 각양장 도서   제조자명 (주)비룡소   제조국명 대한민국   사용연령 3세 이상

ⓒ 최은옥, 이경석, 2024. Printed in Seoul, Korea.

ISBN 978-89-491-2949-5 74990
ISBN 978-89-491-2880-1 (세트)

「새싹 인물전」 시리즈

- 001 **최무선** 김종렬 글 이경석 그림
- 002 **안네 프랑크** 해리엇 캐스터 글 헬레나 오웬 그림
- 003 **나운규** 남찬숙 글 유승하 그림
- 004 **마리 퀴리** 캐런 월리스 글 닉 워드 그림
- 005 **유일한** 임사라 글 김홍모·임소희 그림
- 006 **윈스턴 처칠** 해리엇 캐스터 글 린 윌리 그림
- 007 **김홍도** 유타루 글 김홍모 그림
- 008 **토머스 에디슨** 캐런 월리스 글 피터 켄트 그림
- 009 **강감찬** 한정기 글 이홍기 그림
- 010 **마하트마 간디** 에마 피시엘 글 리처드 모건 그림
- 011 **세종 대왕** 김선희 글 한지선 그림
- 012 **클레오파트라** 해리엇 캐스터 글 리처드 모건 그림
- 013 **김구** 김종렬 글 이경석 그림
- 014 **헨리 포드** 피터 켄트 글·그림
- 015 **장보고** 이옥수 글 원혜진 그림
- 016 **모차르트** 해리엇 캐스터 글 피터 켄트 그림
- 017 **선덕 여왕** 남찬숙 글 한지선 그림
- 018 **헬렌 켈러** 해리엇 캐스터 글 닉 워드 그림
- 019 **김정호** 김선희 글 서영아 그림
- 020 **로버트 스콧** 에마 피시엘 글 데이브 맥타가트 그림
- 021 **방정환** 유타루 글 이경석 그림
- 022 **나이팅게일** 에마 피시엘 글 피터 켄트 그림
- 023 **신사임당** 이옥수 글 변영미 그림
- 024 **안데르센** 에마 피시엘 글 닉 워드 그림
- 025 **김만덕** 공지희 글 장차현실 그림
- 026 **셰익스피어** 에마 피시엘 글 마틴 렘프리 그림
- 027 **안중근** 남찬숙 글 곽성화 그림
- 028 **카이사르** 에마 피시엘 글 레슬리 뷔시커 그림
- 029 **백남준** 공지희 글 김수박 그림
- 030 **파스퇴르** 캐런 월리스 글 레슬리 뷔시커 그림
- 031 **유관순** 유은실 글 곽성화 그림
- 032 **알렉산더 벨** 에마 피시엘 글 레슬리 뷔시커 그림
- 033 **윤봉길** 김선희 글 김홍모·임소희 그림
- 034 **루이 브라유** 테사 포터 글 헬레나 오웬 그림
- 035 **정약용** 김은미 글 홍선주 그림
- 036 **제임스 와트** 니컬라 백스터 글 마틴 렘프리 그림
- 037 **장영실** 유타루 글 이경석 그림
- 038 **마틴 루서 킹** 베르나 윌킨스 글 린 윌리 그림
- 039 **허준** 유타루 글 이홍기 그림
- 040 **라이트 형제** 김종렬 글 안희건 그림
- 041 **박에스더** 이은정 글 곽성화 그림
- 042 **주몽** 김종렬 글 김홍모 그림
- 043 **광개토 대왕** 김종렬 글 탁영호 그림
- 044 **박지원** 김종광 글 백보현 그림
- 045 **허난설헌** 김은미 글 유승하 그림
- 046 **링컨** 이명랑 글 오승민 그림
- 047 **정주영** 남경완 글 임소희 그림
- 048 **이호왕** 이영서 글 김홍모 그림
- 049 **어밀리아 에어하트** 조경숙 글 원혜진 그림
- 050 **최은희** 김혜연 글 한지선 그림
- 051 **주시경** 이은정 글 김혜리 그림
- 052 **이태영** 공지희 글 민은정 그림
- 053 **이순신** 김종렬 글 백보현 그림
- 054 **오드리 헵번** 이은정 글 정진희 그림
- 055 **제인 구달** 유은실 글 서영아 그림
- 056 **가브리엘 샤넬** 김선희 글 민은정 그림
- 057 **장 앙리 파브르** 유타루 글 하민석 그림
- 058 **정조 대왕** 김종렬 글 민은정 그림
- 059 **나폴레옹 보나파르트** 남찬숙 글 남궁선하 그림
- 060 **이종욱** 이은정 글 우지현 그림

061	**박완서** 유은실 글 이윤희 그림
062	**장기려** 유타루 글 정문주 그림
063	**김대건** 전현정 글 홍선주 그림
064	**권기옥** 강정연 글 오영은 그림
065	**왕가리 마타이** 남찬숙 글 윤정미 그림
066	**전형필** 김혜연 글 한지선 그림
067	**이중섭** 김유 글 김홍모 그림
068	**그레이스 호퍼** 박주혜 글 이해정 그림
069	**석주명** 최은옥 글 이경석 그림
070	**박자혜** 유은실 글 서영아 그림
071	**전태일** 김유 글 박건웅 그림
072	**스티븐 호킹** 성완 글 국민지 그림

* 계속 출간됩니다.